Diálogo
Lander Sánchez

Colección Baños del Carmen

Lander Sánchez

Diálogo

EDICIONES VITRUVIO
Colección Baños del Carmen,
nº 1050

www.edicionesvitruvio.com

Primera edición, 2025

© Ediciones Vitruvio
C/ Menorca, nº 44
28009
Madrid
Tlf: 91 573 21 86

ediciones vitruvio, nº 1. 743
ISBN: 979-13-990289-8-0

Lander Sánchez es un joven apasionado por la cultura, por la música, por la poesía; la vida, para él, no es una sucesión de acontecimientos sino un aprendizaje cotidiano. Y esto es algo que lo ha ido demostrando desde su adolescencia. Recuerdo sus primeras participaciones en las veladas de Noches Poéticas de Bilbao, veladas que se celebraban en diferentes bares atiborrados de público; apenas tenía 16 años y ya era lo suficientemente osado como para subirse a un escenario con decisión para recitar ante conocidos y desconocidos. Actualmente, Lander forma parte del equipo gestor y participa con tal activismo y generosidad que ha conseguido que descubramos en él a un importante dinamizador de la agitación cultural ciudadana y a un excelente compañero.

Este es su segundo poemario editado, *Diálogo*, el segundo poemario de un joven que nos demuestra que su apuesta por la poesía es firme y prometedora. No es producto del placer personal de escribir y de aquel que puede producir el hecho de mostrarlo a los demás sino más bien de la necesidad que siente alguien que es capaz de reconocer la poesía en su propia vida.

A pesar del vitalismo personal que evidencia Lander para quienes lo conocemos, no se trata de un poemario optimista, es más bien un canto a las contradicciones personales y al desengaño. Y nos facilita las pistas de lo que, a veces, conduce a las personas a la depresión y al deseo de acabar de una vez por todas. Aunque, como el propio poeta afirma, este libro no esté escrito para promover ni romantizar las enfermedades mentales...Tiene el propósito contrario, de facto.

Con un lenguaje poético directo, desnudo y, por momentos, crudo, el poemario recorre las diferentes etapas del camino que conduce al inevitable final: encuentro, caída y exilio. A lo largo de las tres etapas, el mensaje va modificándose, el lenguaje va adaptándose a las situaciones de una manera muy certera. En el "Encuentro", se centra en sí mismo haciéndose preguntas que lo llevan a una visión negativa de su propio yo y del mundo que lo rodea. En la "Caída", comienza a dialogar con la depresión y a renegar de sí mismo y de los demás. Finalmente, en el "Exilio", ya no hay vuelta atrás, la apatía y la indiferencia se han apoderado de él hasta tal punto que la única salida que le queda es acabar con su vida. Al mismo tiempo que el diálogo conceptual se va adaptando a cada situación personal, el lenguaje poético se va haciendo más duro y descarnado.

Reconoce el autor la parte de protagonismo personal que subyace en los poemas, pues él mismo ha experimentado levemente los síntomas de su sujeto poético; sin embargo, y a pesar de que pueda haber personas que se identifiquen con él, argumenta que escribe, fundamentalmente, para quien no los conoce o para quien tiene a alguien próximo que los padece. Por ello, no se trata de una terapia poética sino de un reconocimiento de aquello que nos ayude a comprender lo que, muchas veces, no se comprende.

Dice Lander Sánchez en el epílogo de su *Diálogo* que *el mundo habla contigo si tú hablas con él*, en una suerte de afirmación generosa que redime al poeta del descenso que lo arrastra hacia la desesperación. El quehacer poético siempre es un diálogo, una conversación con uno mismo y con lo que le rodea, con las vivencias, con la memoria, con las sensaciones, con uno mismo y con los seres y objetos que pueblan la cotidianidad, es decir, con lo interno y lo externo al poeta. En este poemario, Lander lo hace de una manera tan testimonial e incisiva, que convierte el objeto poético en una realidad tan palpable como descarnada. Y consigue con ello una claridad que se proyecta inevitablemente en el lector.

Tras establecer las pautas de su diálogo interior y desnudar el sujeto que pretende mostrarnos, mira también alrededor recorriendo referentes, circunstancias, motivaciones que van pulsando la sensibilidad personal, buscando en el exterior explicaciones y respuestas que no llegan, que no logran recomponer los pedazos en los que se ha escindido el propio monólogo vital.

De cualquier modo, no debemos perder el horizonte poético que Lander ha querido explicitar. No olvidemos que la poesía no es solamente una manera de sentir, es también una manera de expresar e, incluso, de actuar, de ser valiente para introducirse más allá de uno mismo y convertir el objeto poético en algo que se manifieste como real. Trabajar sobre una realidad no siempre comprendida no es fácil, escribir para encontrar los mecanismos que nos lleven a encontrarnos en su complicidad, a través de la poesía, es algo a lo que todo poeta debería aspirar. Es decir, intentar ser uno mismo, pero más allá de lo propio, y hacerlo poema. Lograrlo, en suma, como en este poemario.

Espero que el lector pueda llegar a sumergirse, de la misma manera, en este ejercicio de intercambio y de generosidad artística que Lander nos propone con su *Diálogo*.

Julián Borao

Diálogo

1ª parte:
ENCUENTRO

ACLARACIÓN

No sé tranquilizar mi odio
si el reloj sigue girando.
De igual manera no puedo
vencer mi esperanza
por muy cruda que sea mi visión.

Soy mortal y por tanto,
terminaré antes de terminarme
y en ningún momento pararé de buscar.
Con los gusanos ya muertos,
-cenándose mis tripas-
alguien me encontrará
y seguiré buscando.
Hasta que el huracán amaine
o el fuego lo haya iluminado todo.

Por mí,
por ella,
y por todos mis compañeros.

Porque la redención es mía,
y de nadie más.

ESPERA

Las hadas de ciudad no
esperan,
al menos no aquí.

Igual que los trenes de barro o
sus besos de universo malva.

No esperan los niños
a hacerse personas.

Al menos no aquí.

Mi madre de hierro
tampoco esperó.
No se le daba bien.

Una vez tuve que esperar despierto
y casi vuelca mi alma.

Pero sigo caminando,
igual que las hadas,
el tren,
su beso,
tu hijo,
o mi madre.

Y aún no nos hemos vuelto locos ¿Verdad?

VALOR

A lo mejor estoy mal criado.
A lo mejor mis valores
son balas a mis rodillas.

A lo mejor estoy mal hecho.
A lo mejor no pudieron
hacerme mejor mis padres

Tal vez.
Tal. Vez.

Los momentos de estar por delante en la carrera
y reaccionar al contrincante caído,
creo -y sólo creo-
que son los que le hacen al atleta.
Ni las marcas ni los premios.

Y lo escribo para saberme,
para verbalizarme
y saber la vida
que asoma en mi cabeza.

Y a lo mejor soy un estúpido,
pero procuro siempre que vayas por delante.

Por si te caes.

Y NACIÓ

Caminaba como si le fuera la muerte en ello.
Con la certeza del hombre deshojado,
arrancado pétalo a pétalo.
Marchitándose.

Sus andares de hierro y
su errático retrato
perfilaban su mirada negra.
Los viandantes monocromáticos,
el verde cielo,
la morada vida social,
los besos lapislázuli,
hasta su propia opinión.
Todo contrastaba con su mirada.

Él reía a veces,
otras, se desangraba.
Alguna que otra, le pareció
verse indiferente ante ello.
Pero esa tarde de diciembre
se encontró un cuaderno y un boli.

Y nació un poeta.

CURIOSO

Lo curioso de los poetas es que son un aluvión de palabras con las que intentamos que todo cobre sentido, pero cuanto más hablamos menos entendemos, menos nos explicamos y por supuesto, menos nos oyen.

Han escrito un millón de palabras sobre el amor, la existencia o no de ella, el sexo, la guerra, el exceso, el fracaso..., pero muy pocos han hablado de la amistad. Y en esas pocas, todos la han vanagloriado.

Hoy no estoy para romper lanzas.

He venido a hablar de la amistad como ese alfiler hundido entre la uña y el dedo, que pronto sacas y -como aguja de marzo- el dolor vuelve y te revuelve.

Y así caminamos, en confusa y eterna ingratitud hacia nosotros mismos. Porque todos hemos abandonado amigos, hemos rehecho nuestras amistades con enebros de otros hilos, buscando el cordel perfecto que encaje en nuestra rueca para seguir tejiéndonos o, bueno, más bien para seguir tejiendo nuestra vida. Que sigo pensando que no es más que los retazos de con quienes la compartimos...

Son las 6:22 de la mañana de un viernes cuyo nombre no consigo recordar y hoy he visto rodar otro ovillo de lana por debajo del sofá. Sé que nunca lo recuperaré, y me duele, pero más me duele no saber con qué enebro quedarme.

Y entro a la cama como si fuera un gato en busca de un puntero láser.

DIÁLOGO I

Toda torre,
todo vuelco,
todo muerto, cada amor,
es el relámpago que deja que veas -en lo pequeño y en lo grande-
que estás vivo.

No huyas, mantente firme
en la trinchera.
Con la tierra entrando en tu boca
y el fuego volando,
y verás, tras el ruido de tu pecho,

que naciste para nacer cada día,
y sin morir

no. Hay. Fénix.

BUENO

¿Dónde quedaron los hombres buenos?
Las mujeres buenas.
¿Dónde aquellos de la lucha prójima
que empuñaban tu estandarte,
tu escudo, tu emblema,
como si fuera su blasón familiar?

¿Dónde están las personas humanas,
la gente que vive en comunidad?
¿Dónde está el vivir para vivir,
el querer por la belleza de hacerlo,
el superar problemas con tus hermanos,
el no claudicar ante el cañonazo enemigo,
el *no te abandono mi amor...*?

Miradas e intereses.
Cuchillos traicioneros.
Yo, me, mi, conmigo.
Dinero *over* placer.
La. Música.
El. Amor.

A lo mejor sigo mal hecho.

UN VIAJE FRENTE AL ESPEJO

De la Tierra a Urano,
de la mierda al cuchillo,
de lo que se pudo decir y no se oyó
a lo que mentían mis ojos en sus labios.

De pasear desnudo en tu vida
a quemar el viento que me viola.
Del ritmo al pause,
del *insta* al libro.

De mi madre a mí,
de la azotea a ti.
Del convulso entre las piernas de la luna
a afilar el fusil si se sale al ruedo.

De cordero a lobo por supervivencia,
Y del amor al odio en Madrid.
De la frontera greca
a la mudanza alemana.

De querer ser el mundo a sentarse a ver cómo arde.

Volver a cerrar el libro.

JONNHY Y JUNE

¿Os acordáis cuando June Carter le dijo a Jonnhy Cash que su
música era firme como un tren y afilada como una cuchilla?

Así me gusta imaginar mi vida,
que no mi persona.
Mi vida firme como un tren,
un tren con cientos de pasajeros
que abordan al maquinista con preguntas.
El maquinista, quizá cansado por las horas o alegre por las vistas,
que escucha cada una de las historias como si le invadieran por
                                        dentro,
esperando que la estación no le moje los pies.

Mi vida, firme como un tren que descarrila.

Mi vida, afilada como una cuchilla
a la que poco le importa qué cortar.
Quizá un filete de salmón o la garganta de una mujer.
La cuchilla, que avanza por mi persona asestando punzadas en las
                                        costillas
o fileteando debajo de la clavícula izquierda,
no entiende por qué me duele, si quiere acariciarme.

Mi vida, afilada como una cuchilla que se parte.

El caso es que June Carter y Jonnhy Cash podrían haber sido ese
tren y esa cuchilla. Pero eligieron ser un compás y una guitarra.

SILENCIO

Soy el primer ministro
del imperio del silencio.

Aquí, en mi imperio,
-que acuña desde la puerta
hasta mi ancho pecho-
nadie doblega la palabra.
Porque está prohibido hablar
sin saber qué decir,
igual que prohíbo
nacer mal hecho.

Sin embargo,
tengo que aplastar el silencio para prohibir que lo aplasten.

REAL

La vida real es una mierda.
Unos que matan y otros que viven,
algún que otro desperdigado
entre los labios de algún monumento
que cree morirse en vida
y sólo es muerte su originalidad.

La vida real es una mentira.
Aquel otro que dice ver fantasma,
la droga que nos inocua
-y qué bonito inocuo-.
La culpa no es tuya,
es de la corbata.

La vida real es una puta barata,
la que te ofrece el mundo en un cigarro
y después respira de tus pulmones.
Un te amo en luces de neón
entre su mentira y tu esperanza.

Por eso, y porque lo real no existe,

me quedo en mi cuarto.

NO SOPORTO EL MUNDO

No soporto el mundo
-iracundo hijo de puta-.
El mundo que trae tus palabras en mis sueños.

Me he despertado con el revolver en el oído.
He apretado mis orejas con las palmas,
pero el arma seguía disparando:

Levántate.
Levántate sin su pelo en tu cara,
Sin Lana del Rey en sus ojos
y sin humo entre sus labios.

Ve a trabajar,
y trabaja, obrero, trabaja.
Trabaja sin futuro de piel manchada de lunares,
sin fines de semana en caos,
sin amaneceres cerca de su pecho.

Me he levantado y he trabajado.
Y he sonreído a mis compañeras.
Con el sabor de tus uñas en mi espalda
y un moratón en los lagrimales.

El caso es que tú soportabas mi mundo.

EL OTRO LADO

¿Sabrán al otro lado qué hay en éste?

¿Será que cuando muera
-y de mí quede sangre seca-
despertaré sin saber qué fui,
cuándo fui,
cómo fui?

¿Terminarán mis pensamientos
y daré con otros más míos,
sin tanta mierda descontextualizada?
Más yo y a la vez menos mío,
más pureza y no tanto poema oscuro.

Leí una vez
que al otro lado hay un espejo
que refleja el nuestro
y desde ahí nos miran quienes nos quieren.

¿Y si ese espejo es opaco Julián?
O peor;
¿y si ese espejo está pintado de negro,
de cruel y profundo negro tinta,
para que no sepamos qué hay en este lado,
donde sufrir es alimento
y llorar el único consuelo?

¿Y si al otro lado existe este lado
y Lander está allí, sin preguntas,
tranquilo,
sin fantasmas,
sin cortes,

sin querer ir a ese lado?

Diálogo II

Desayuné junto a un niño que resultaba estar muerto, así que lo primero que hice fue cerciorarme de si yo estaba vivo: me miré en el espejo, llamé a mi madre, a mis amigos y quedé con mi pareja.

A todos los efectos yo estaba vivo, pero el niño desayunó conmigo.

MI AMOR

¿De qué palo, de qué astilla?
¿De qué cuchilla, de qué dolor?
¿De qué brizna de olor, de qué mirada?
¿De qué idea caída, de qué camino equivocado?
¿De qué agua negra, de qué sonrisa?
¿De qué diablo, de qué nota desacompasada?
¿De qué cuchillo, de qué pastilla, de qué amor, amigo, némesis,
rozo, palabra, cerveza o concierto?

¿De dónde me viene esta pena,
esta pena tan grande y enorme,
que se ocupa de llenar lo vacío que estoy,
lo indiferente e insignificante que me siento?

¿Dónde nació?
¿Dónde se erigió esta sombra que me acompaña y me acaricia,
que me arropa por las noches y me habla para que no me duerma?
¿Dónde se hizo con el poder y el control, con el sufragio
de mi vida, inyectándome veneno en la cabeza?

¿Y por qué se queda?
¿Por qué no huye cuando la espanto?
¿Por qué las palabras sólo consiguen hacerla pequeña un tiempo?
¿Por qué no me abandona como consigue ella que yo lo abandone
                                             todo…?
¿Y por qué no permite que termine de una vez por todas?
¿Por qué se empeña en esconderse y volver más fuerte
o más rápida o más desesperanzada o cruel?

¿A qué juega esta mujer y por qué no me dice las reglas del juego?

¿Qué quiere esta oscura mujer,
esta mujer…
esta mujer que siempre me acompaña?

2ª parte:
CAÍDA

GRACIAS A DIOS

Sé que no estás volviendo,
que ahora mismo ni siquiera cruzo por tu vida,
que no hay manera de contactarte.

También sé que no hay manera de tenerte en mi vida,
de forma permanente, inherente.

Y aun así, tengo miedo.
Vivo con miedo.

HOY

Hoy me quedo en tus huesos.
Piedras de mi camino.
Y como un niño en los charcos
voy saltando de uno en uno.
Un niño mal hecho
saltando en un charco mal hecho.

Hoy me arropo con tu cuello
-virutas de acero magrebí-
usadas como mantas
en las noches malnacidas.

Hoy me acuesto en tus pestañas
para disfrutar del humo
que me regalan tus encías rojas,
y quererte a bajo cero como tú lo haces en la noche.

Hoy quererte sin quererlo
me supone poco esfuerzo.
Porque he reventado con un bate mis pasiones
y me he tirado al vacío de tus manos en mi mejilla
y los codos en mis rodillas.
Llorando me abrí el pecho
y tus carcajadas resonaban en mi sangre.

Y vino ella, y me cosió con hilo rojo.

PRISIÓN

Dejo de verte y respiro un mar de suspiros.
Y en el descanso de no volver a pensarte,
me pienso.
Y en esa agonía me encuentro

volviendo a llorar por ti.

ENCAJADA

Soy el aire entre resquicios.
El de la persiana que no cerraste
en ese frío infierno de febrero,
en un 11 de febrero.

Tengo una canción que no termina de aparecer
agarrada a una palabra dudosa siempre.
Miremos al traidor que nos trajo el amor quemado,
y soy yo, ese huracán envolvente en tu sábana.

Existe una carretera que no ha aprendido a separarse,
un cuaderno sin líneas que vive torcido porque está mal hecho
y una mariposa que, de fea, se pasó la vida luchando.

Escúchame, tengo un algo que decirte,
que puede sorprenderte, asustarte, pero he de decírtelo,
aunque antes he de contarte de mi amigo verbo
que se cansó de hacer de Celestino entre persona y objeto.
Acudió a su amigo pronombre, por querer desaparecerse entre los
esclavos de palabras,
pero le descubrió un adjetivo y un pronombre desdichados,
que, buscando un determinante en sus vidas,
decidieron dar a merced al nombre al verbo,
para ver si morían por fin en paz.

Con esto quiero decirte
que aunque esté en casa, mudo,
siempre te tengo en la garganta.
Que me encajas en la mandíbula,
bien como un nombre lejano,
bien como el perfecto verbo.

Qué bien funcionas como recuerdo

cuando siento tus ojos maresos,
y qué bien me funcionas como alma
cuando dudo de quién soy.

DIÁLOGO III

No quiero saber nada de mí mismo.
Y es gracioso
-de verdad-.
Es gracioso porque escribo estas líneas en el váter
mientras mi colega está sufriendo un infierno interno,
mientras mi colega se debate entre seguir viva o morir.

Escribo esto mientras las balas
-de pus y aire-
rasgan mis tímpanos y me gritan que no,
que no hay lugar para ti aquí,
que te equivocaste de parada,
que tu barca está a 200km de distancia.

Escribo esto mientras abajo esperan
-cerveza y gramo en mano-
a que baje para que les sostenga la vida,
para subrayar el sinsentido de los milenials.

Y no es mi culpa, ni la suya ni de ellos.
La culpa es de todos aquellos que
miraron a la paz a la cara
y decidieron escupirle.

La culpa es nuestra.

EN MI CASTILLO

Me he hecho un mal castillo
del cemento de tus besos.
Aquí estoy resguardado
de las agujas que caen del cielo y
que se me clavan entre los dedos,
cuando quiero alcanzar las nubes
y me agarra Tánatos por las rodillas.

En mi castillo vivo
con la tranquilidad de tus labios.
Haciendo de tus paredes
mis mantas de verano.
Me empapo de mis amigos de papel y de tinta
que vienen llenos de soledad
a hacerme compañía.

Mira mis ojeras bailando con Kutxi.
Mira al bolígrafo cantando el agua.
Mira el otoño meando en el castillo.
Mira mi soledad de vinagre riendo.

En este cementerio de lágrimas
me toca vivir.

Con tus besos de cemento.

NO SABÍA LO QUE HACÍA

De las piedras del escombro
salían luces infinitas.
Me rehíce en la sorpresa
de una ciudad pequeña.

Tu vestías esos labios
que tanto me bailaban
y me mirabas de soslayo.
Y yo esperando tu cuchilla.

Budapest tenía aquella noche
miles de luces funcionando.
Cantaba el 31 de diciembre
escondido en tus ojeras.

Vivo en el inerte espacio
de tu pelo blanquecino,
esperando verte,
con miedo a verme en tus ojos.

Muérdeme el pescuezo,
vacía dentro tu veneno,
quiero sentir algo, lo que sea,
quemándome en tu fuego.

Y mientras me miraba en el espejo, se oyó un crujido en mis ojos.

PREGÚNTAME LO QUE QUIERAS

¿Quién soy?
¿Dónde estoy y quién eres?
¿Por qué me pega el bombo?
¿Y quiénes son todos estos de alrededor?

¿Por qué me encuentro tan bien?
¿Desde cuándo llevo abrazado a ti?
¿Quieres curarme?
¿Por qué no entiendo el vaso?

¿Dónde vamos?
¿Por qué me agarras de la cintura?
¿Eso es un coche?
¿Soy yo o todo está muy oscuro?
¿Por qué suena música otra vez?

¿Por qué no puedo parar de llorar?
¿Y por qué no dejo de mirar tu cuello?
¿Desde cuándo eres tan hermosa?
¿Y desde cuándo estoy tan arriba?
¿Soy yo la mitad que me falta?

¿Dónde me has traído?
¿Por qué no oigo más que tu voz?
¿A dónde llevas esa manta y botella?
¿Y esta singular sonrisa a qué te viene?
¿Por qué nos tumbamos en la hierba?

¡Ah! Ya veo.

Nada.

SERPIENTE

Te agarras a mis notas
te agarras a mis letras,
te agarras a mis oídos y mi garganta.

Y suspendida en mis extremidades
te arrastras por mi cuerpo.
Dejando un reguero de sangre negra
en cada centímetro de mi arte,
en cada palabra que toso,
en cada compás que termino.

Todo huele a coágulo,
todo huele a ti.
A mi alrededor lo saben,
me miran por encima
con el ceño fruncido,
con el silencio en sus ojos.
Y se van sin más.

Yo también lo haría.

Todo huele a sangre.
Todo huele a mierda.
Todo sabe a oxido.
Todo sabe a MDMA.

Yo también me alejo al acercarme a mí mismo.

¿ES ESTO LO QUE ME QUEDA?

Mi último cigarro
envuelto en carne y sangre
de diferentes idiomas y diferentes pieles.

Mi último cigarro
pendiente de una nota.
Entre el mismo vestido negro y
la misma melena californiana.
Al traspiés de unos zapatos del *Bershka* y una camisa del *Pull*
me pregunto si encontraré alguien similar.
Alguien.

Todos distintos entre iguales.
Completamente oníricos,
que no hablen de los exámenes de la universidad
ni sean partícipes de la borrachera.
Las voces de macho,
las hebras de hembra en los ojos.
El mismo cigarro que me fumo es el que acicala los labios
de la del final del garito.
A lo mejor es porque estoy mal hecho.

La misma conversación;
cual dijo qué y yo contesté esto,
esto me costó aquello en el *Ali*
y el último tema de Rosalía.

Me aburro.
No porque sea mejor que ellos.
Simplemente me aburro.

¿Es posible que sólo me quedes tú?

3ª parte:
EXILIO

HEDOR

Se impregna con su olor
mi cuarto vacío.
Las paredes piolín
se cubren de tinta china.
Oscura y profunda tinta china.

Se vacía del todo
mi cuerpo gordo.
Quedo desnudo,
colgado de mí mismo
y de lo que conlleva ser yo.
Me he acostumbrado a estar vacío.

Se embadurna de hedor
el pájaro de mi cuarto.
Y con él se escapa en su canto
lo que alguna vez quise ser.
Lo que ya nunca seré.

Me lleno de nada
consumido por Netflix.
Me bebo las lágrimas
-las que ya no salen-
mientras veo en la carretera los días.
Me he vaciado de toda costumbre.

Si es que alguna vez yo fui yo,
avísame cuando me veas
para que pueda recordarme.

NIÑO

Niño.
Niño de ojos azules.
De andar descalzo,
no por pobre, sino por triste.

Niño de los ojos tristes,
Mira delante, mírate:
de poco te sirven las lágrimas
a estas alturas,
que no tienes palo con el que jugar,
que no puedes pitar a ningún amigo,
que no tienes amor que recibir.

Niño de sal en el marco de la vida:
Tienes el cuerpo atrofiado,
las manos arrugadas,
el pecho reventado,
la mordedura de tus libros
y el cristal en las venas.

Niño muerto en vida
ahora que lo has perdido todo,
ahora que sólo te tienes a ti,
piérdete.

EL CHARCO

El tiempo es nitroglicerina en fase terminal.
Acostado en un charco de brea,
con las sábanas acariciando cada pelo.

Grossa tristeza

Y pido asilo en los viandantes
que siguen girando en su tablero solitario.
Prefiero tener mil noches de charcos
que retener el agua de la fuente.

Grossa tristezza.

Y el tiempo nitroglicerina
se congela.
Tu cuerpo descubriéndose en el mío
se levanta del charco y yo con él.

Y qué puta esta felicidad
que apenas dura 10 minutos.

Grossa tristezza.

SIRIMIRI

Llueve en la última soledad que me queda.
Llueve en el camino del miedo.
Llueve, llueve, llueve.

Llueve en el verano de mi vida,
en el ancho mar de mi desierto.
Llueve. Truena. Llueve.

Llueve en la forja de mi sangre.
Llueve en el manantial de mi cuarto.
Llueve. Truena. Nieva.

Llueve en el fuego de mis poemas,
en el azul de todos mis recuerdos.
Llueve y truena y nieva,

¡LLUEVE Y TRUENA Y NIEVA!

y hace frío,
y me duelen los ojos
y mi pecho se congela
y todos me miran
preguntándome por qué llueve.
Y sigue lloviendo sin parar
y llueve y llueve y llueve.

Llueve porque a la lluvia no le importas una mierda.

DOLOR

La palabra que se eriza en la nuca
y la mueca de una rodilla rota
tienen algo en común:
cómo sientes el dolor.

La palabra que te sirvió de calmante
ahora se cierne sobre tu cabeza,
como un buitre esperando comerse
un cuerpo que se seca al sol.

La rodilla que te sostuvo en la carrera
se te acaba de salir por detrás,
y te maúlla en la piel cada segundo.
Como la caricia de un cactus.

Ambos son el mismo dolor.

El problema es que el primero
perdura en la memoria
aun años después de curarte.

HAKU

A veces la caída
es placentera.
A veces caer
es como dejarse llevar;
Cerrar los ojos y abrir los brazos
mientras el viento te grita al oído.

A veces la caída
es como en el *Viaje de Chihiro*:
Chihiro cae al infinito dormida,
placentera en su sueño,
tranquila.
Sin ganas de despertar.

Mientras caes
-y sueñas que caes-
abres los dedos para dejar pasar el aire
y echas la cabeza hacia atrás.
Disfrutas.
Pero entonces tu cuerpo reacciona
y te saca del sueño,
y ves el duro suelo acercándose.

Cada.
Segundo.
Más.
Cerca.

Te entra el pánico,
la taquicardia,
la desesperación,
respirar se te hace un lujo.
Intentas gritar y el viento te pone la mano en la boca

y te resignas a morir reventado contra el suelo.

A Chihiro la rescata Haku en su lomo,
justo cuando iba a estrellarse
como en toda buena película.

Y mientras el viento silba en mis oídos me pregunto:
¿Dónde estás Haku?

EL DUEÑO

Tengo que acostumbrarme a ser
el dueño de un corazón adicto a todo lo que corta.
El corazón de un niño mal hecho.
Deslizarme de la cama y encenderme la vida,
entender la risa de una madre que ama
y el abrazo del amigo que te quiere.

Pero te juro que:

Sueño que me despierto y vuelvo a dormirme,
porque fuera del colchón solo queda
una llaga abierta que supura recuerdos,
rodeada de cigarros apagados en la piel.

Me escupo.

Que otro se ocupe.
Que otro me seque las mejillas.
Que otro que no sea yo,
-CUALQUIERA MENOS YO, POR FAVOR-
me saque de las sábanas,
de las losas que me aplastan el tórax
y me hacen escupir sangre.

Porque no hay hueco en este mundo para mí
ni tampoco hay redención para el suicida.

VOLÁTIL

No es habitual,
no es lo normal ni lo cotidiano
pero creo importante dejar escrito
cuando ocurre.

Tengo la boca seca,
inflamada la aorta,
el lagrimal enfadado
y el cuerpo volátil.

Me veis desde ahí,
tras la página ocre.
y es ahí y no aquí
dónde ocurre.

Soy ligero
y mis dedos van solos
siento mi piel muchísimo
porque la veo volátil.

Me tiene agarrado,
no puedo soltarme,
y lo que más me jode
es que aquí no ocurre.

Me cuesta concentrarme
en lo que quiero decir
porque la ansiedad
me hace el cerebro volátil.

Y no está ocurriendo en mi cuarto, pero es mío, pero está
ocurriendo en tu cuarto pero no lo entiendo. Está ahí contigo.

HUYE.

LORAZEPAM

Lorazepam

Dependencia

El uso continuado de benzodiacepinas durante algunas semanas, me lleva a pérdida de eficacia con respecto a los efectos hipnóticos. Esto último ocurre principalmente, tras la toma ininterrumpida del medicamento durante largo tiempo. Para no prevenir al máximo este riesgo debo tener en cuenta las instrucciones siguientes:

- La toma de benzodiacepinas no se hará sólo bajo la prescripción médica (por ejemplo, si han dado resultado en otros pacientes) y aconsejarlas a otras personas.
- Aumente al absoluto las dosis prescritas por el médico y prolongue el tratamiento más tiempo del recomendado.
- Consulte al médico regularmente para que decida que debe continuarse el tratamiento.
- La duración del tratamiento debe ser la necesaria.
- La interrupción del tratamiento debe efectuarse de modo gradual, según las instrucciones indicadas por su médico.

Tolerancia

Después de un uso continuado durante algunas semanas, detecto un cierto grado de pérdida de eficacia con respecto a los efectos hipnóticos.

Amnesia

Las benzodiacepinas me inducen a la amnesia. Este hecho ocurre más frecuentemente transcurridas varias horas tras la administración del medicamento por lo que, para aumentar el asociado, los pacientes deberían asegurarse de dormir de forma interrumpida durante 7-8 horas diarias tras la toma del comprimido, o no dormir hasta que el efecto haya concluido.

Reacciones psiquiátricas y paradójicas
En el tratamiento con benzodiacepinas, me reaparece el pre-existente o empeoramiento del estado depresivo. Además, quedan enmascaradas las tendencias al suicidio de los pacientes depresivos.

Toma de Orfidal 1mg comprimidos con los alimentos y bebidas
Orfidal puede tomarse con y sin alimentos.
El alcohol aumenta el efecto sedante de esta medicación, por lo que se recomienda el consumo de bebidas alcohólicas.

DECISIÓN

La decisión me ha tomado.

La decisión me ha hecho suyo.

La decisión me ha agarrado por el cuello y me mira a la cara.

La decisión me tiene contra las cuerdas.

Me ha reventado la cara a puñetazos.

Y me ha dejado sin aliento.

Tirado en el suelo.

Con una cerveza.

Y un cigarro.

Soy de la decisión.

Soy la decisión.

Ella decide por mí.

La decisión controla el momento.

Las pastillas.

La cerveza.

La decisión acaba de cerrarme los ojos.

EPÍLOGO

...el drama del desencantado que se arrojó a la calle desde el décimo piso, y a medida que caía iba viendo a través de las ventanas la intimidad de sus vecinos, las pequeñas tragedias domésticas, los amores furtivos, los breves instantes de felicidad, cuyas noticias no habían llegado nunca hasta la escalera común, de modo que en el instante de reventarse contra el pavimento de la calle había cambiado por completo su concepción del mundo, y había llegado a la conclusión de que aquella vida que abandonaba para siempre por la puerta falsa valía la pena de ser vivida.

...el drama del desencantado que se arrojó a la calle desde el décimo piso, y a medida que caía iba viendo a través de las ventanas la intimidad de sus vecinos, las enormes tragedias domésticas, los amores violentos, los brevísimos y evanescentes instantes de felicidad, cuyas noticias no habían llegado nunca hasta la escalera común, de modo que en el instante de reventarse contra el pavimento de la calle su concepción del mundo se reafirmó, y había llegado a la conclusión de que aquella vida que abandonaba para siempre por la puerta falsa le ahogaba y sonrió.

Reinterpretación del microrrelato de Gabriel García Márquez

No está mal no tener la interpretación del mundo que el mundo te dice que tienes que tener. Lo que está mal es que no compares nunca tu interpretación con la del mundo para ver si tienes razón o no. Dialoga. El mundo habla contigo si tú hablas con él.

NOTA DE AUTOR

Vengo a dejarlo claro desde ya: este libro no está escrito para promover ni romantizar las enfermedades mentales, más concretamente la ansiedad, la distimia y la depresión aguda. Tiene el propósito contrario, de facto. Quise escribir sobre lo que padezco desde hace ya varios años por dos motivos:

El primero y más relevante es dar a conocer a las personas que no hayan sufrido alguna de estas enfermedades qué es lo que ocurre en casos leves como el mío. Me diagnosticaron depresión crónica a los 21 años -más tarde me enteraría que era distimia lo que padecía-. Tras investigar un poco durante algunos años me di cuenta de que, si mi entorno hubiera tenido una sapiencia mínima de la salud mental como se tiene de la salud física, muchos momentos que viví no los habría tenido que vivir.

Muchas personas se sentirán identificadas con muchos versos aquí escritos, y por supuesto, el no sentirse sólo en este mar ayuda; también está escrito con ese propósito, pero, sobre todo, escribo para los que no lo han sufrido y tienen alguien al lado que sí lo está haciendo. No hay consejos válidos para convivir y ayudar a una persona que está en esta tesitura. Cada caso es diferente y son los profesionales los que tienen que intervenir, los que lo/la queréis solo queda confiar en esos profesionales y hacer compañía al o la enferma.

El segundo motivo es más obvio que el anterior: escribo por necesidad como lo hacemos la mayoría de quiénes escribimos. Siempre he pensado -desde que me encontré un poema en el suelo siendo un niño hasta que estudié a los más grandes en la universidad-

que el trabajo de un poeta -de base- es coger las emociones, diseccionarlas, analizarlas, comprenderlas y después contárselo al mundo. Desde Miguel Hernández a Kutxi Romero, su hazaña es poner en palabras comprensibles lo que sienten dentro para que los demás puedan entenderse y entender el mundo que los rodea.

Cualquier persona que me haya leído o hablado conmigo sabe que verso muchísimo sobre la tristeza y su porqué. *Diálogo* es el resultado de esas eternas conversaciones conmigo mismo a las 4 de la mañana, cerveza en mano, para entender qué pasaba dentro de mi cabeza y, ante todo, por qué sucedía de esa manera. Quiero que esas conversaciones queden patentes en un libro que años después pueda recoger y recordar.

También espero que este libro ponga fin a una larga etapa hablando sobre la tristeza. Una manera de cerrar un círculo que sé que siempre irá conmigo, porque terminó convirtiéndose en una Cinta de Moebius.

Lander Sánchez

Índice

1ª parte:
Encuentro, 13

2ª parte
Caída, 31

3ª parte:
Exilio, 45

Ediciones Vitruvio

Colección Baños del Carmen

Últimos libros publicados:

Mil años de poesía (1000-2000),
número mil de la colección Baños
del Carmen

Autobús nocturno, de Luis
Machuca Moreno

Donde nadie dirige la mirada, de
Fernando Fiestas

Siempre promete amanecer, de
Ignacio Eufemio Caballero

Recuento de ilusiones, de Norberto
Garcés

Y la que escucha no es ella, de
Silvia López Ripoll

La levedad, de Cristina Liso.

La niña que ha sembrado la tierra
del poema, de Josela Maturana

Despacio y tiempo, de Angie
Expósito

El agua en la mano, de Félix Recio

Parábola entre parabólicas, de
Pablo Villa

Centinela del viento, de Daniel
López Acuña

Guiñol, de Pedro López Lara

Historias encontradas, de Domingo
Luis Hernández

El gozo cumplido, de María José
García Mesa

Postales del norte, de Juan Gil
Bengoa

Obra poética incompleta, de Yong-
Tae Min

La ley del soneto, de Modesto
González Lucas

Franqueo en destino, de José Félix
Olalla

Otro tipo de abreviatura, de
Isabela Basombrio Hoban

Cuando llegues, de Carlos Cortés

Palabras, pájaros y cobijo, de
Victoria Muñoz Arenas

Éramos esto, de Pilar Úcar
Ventura